Ab 8 Jahren J. Schmidt & L.-S. Kohl

Ben liebt Anna

LITERATURSEITEN

- Textverständnis und Lesekompetenz
- Rechtschreib- und Konzentrationsübungen
- Fantasie & Kreativität

KOHL VERLAG
Lernen mit Erfolg

www.kohlverlag.de

Literaturseiten zum Taschenbuch „Ben liebt Anna"

Zitate aus:
Peter Härtling, „Ben liebt Anna" - Umschlagbild: Eva Muggenthaler
Copyright © 1979, 1997 Beltz & Gelberg in der Verlagsgruppe Beltz, Weinheim Basel
Das Taschenbuch: ISBN 978-3-407-74099-1

7. Auflage 2024

© Kohl-Verlag, Kerpen 2009
Alle Rechte vorbehalten.

Inhalt: Jasmin Schmidt & Lynn-Sven Kohl
Redaktion: Kohl-Verlag
Grafik & Satz: Kohl-Verlag
Druck: farbo prepress GmbH, Köln

Bestell-Nr. 14 166

ISBN: 978-3-86632-166-3

Das vorliegende Werk und seine Teile sind urheberrechtlich geschützt. Jede Nutzung in anderen als den gesetzlich zugelassenen Fällen bedarf der vorherigen schriftlichen Einwilligung des Verlages. Hinweis zu § 52a UrhG: Weder das Werk noch seine Teile dürfen ohne eine solche Einwilligung eingescannt und in ein Netzwerk oder das Internet eingestellt werden. Dies gilt auch für Intranets von Schulen und sonstigen Bildungseinrichtungen.

Der vorliegende Band ist eine Print-Einzellizenz

Sie wollen unsere Kopiervorlagen auch digital nutzen? Kein Problem – fast das gesamte KOHL-Sortiment ist auch sofort als PDF-Download erhältlich! Wir haben verschiedene Lizenzmodelle zur Auswahl:

	Print-Version	PDF-Einzellizenz	PDF-Schullizenz	Kombipaket Print & PDF-Einzellizenz	Kombipaket Print & PDF-Schullizenz
Unbefristete Nutzung der Materialien	x	x	x	x	x
Vervielfältigung, Weitergabe und Einsatz der Materialien im eigenen Unterricht	x	x	x	x	x
Nutzung der Materialien durch alle Lehrkräfte des Kollegiums an der lizenzierten Schule			x		x
Einstellen des Materials im Intranet oder Schulserver der Institution			x		x

Die erweiterten Lizenzmodelle zu diesem Titel sind jederzeit im Online-Shop unter www.kohlverlag.de erhältlich.

Inhaltsverzeichnis

Seiten

- **Anregungen für den Lehrer** — 4
- **Kapitel I**   Ben stellt eine Frage *(S. 7-11)* — 5 - 6
- **Kapitel II**   Anna *(S. 12-18)* — 7 - 8
- **Kapitel III**   Warum Ben mit dem Hintern heult *(S. 19-26)* — 9 - 11
- **Kapitel IV**   Holger petzt *(S. 27-30)* — 12 - 14
- **Kapitel V**   Wo Anna wohnt *(S. 31-37)* — 15 - 17
- **Kapitel VI**   Ben schreibt an Anna *(S. 38-40)* — 18 - 19
- **Kapitel VII**   Bernhard ersetzt Anna *(S. 41-48)* — 20 - 22
- **Kapitel VIII**   Anna antwortet *(S. 49-54)* — 23 - 25
- **Kapitel IX**   Ben macht sich schön *(S. 55-59)* — 26 - 27
- **Kapitel X**   Kuttelflecke und Annas Überraschung *(S. 60-65)* — 28 - 29
- **Kapitel XI**   Zwei Besucher *(S. 66-74)* — 30 - 32
- **Kapitel XII**   Anna und Ben tauchen *(S. 75-81)* — 33 - 35
- **Kapitel XIII**   Die zweite Zeile *(S. 82-87)* — 36 - 38
- **Kapitel XIV**   Ben wird krank und Anna geht *(S. 88-92)* — 39 - 41
- **Buchkritik** — 42 - 43
- **Die Lösungen** — 44 - 48

Die Seitenangaben beziehen sich auf die aktuelle Taschenbuchausgabe aus dem Beltz Verlagsgruppe (Gulliver) mit der ISBN-Nr. 978-3-407-74099-1.

Anregungen für den Lehrer

Liebe Kolleginnen und Kollegen,

mithilfe dieser Literaturseiten soll das Interesse für die Lektüre geweckt werden. Anhand abwechslungsreicher Aufgaben werden Kapitel für Kapitel inhaltlich wiederholt oder vertieft. Interessante Partner- oder Gruppenaufgaben sorgen dafür, dass die Schüler sich näher mit dem Thema erste Liebe auseinandersetzen.

Dass auch Kinder richtige Liebe empfinden können, verliebt sind oder Liebeskummer haben, können sich zahlreiche Erwachsene gar nicht mehr vorstellen. Tatsache ist aber, dass gerade Kinder dem Verliebtsein noch völlig unvoreingenommen entgegentreten. Wir Erwachsene müssen uns nur einmal an unsere eigene Kindheit zurückerinnern, und einige werden feststellen: „Ja, auch ich war damals verliebt!". Deshalb sollten wir auch die Liebe von Kindern ernst nehmen und diese keinesfalls belächeln.

Das Buch *Ben liebt Anna* vermittelt auf eine traurig schöne Weise das Gefühlschaos der Liebe, das auch Kinder spüren können.

Hier nun weitere hilfreiche Tipps zum Einsatz dieser Kopiervorlagen:

1.) Es empfiehlt sich zuerst eine Betrachtung des Umschlages. Was bietet der Umschlag des Buches an Informationen? Welchen Eindruck bekommt der Betrachter von den Personen? Zum Sammeln eignet sich beispielsweise ein mind map.

2.) Die Schüler können zum Einstieg ein eigenes Titelbild und Buchzeichen entwerfen.

3.) Die Schüler gestalten ihre eigene Umschlagseite mit eigener kurzer Inhaltsangabe und heben Wichtiges grafisch hervor.

4.) Sie können mit Ihren Schülern den Weg des Buches vom Autor bis ins Klassenzimmer besprechen.

5.) Da im Regelfall die Schüler bis zu einem gewissen Datum, z.B. über die Ferien, das Buch gelesen haben sollten, enthält jedes Kapitel „Wissensfragen". Daraus können Sie sehen, wie intensiv und in welchem Umfang die Schüler sich mit dem Buch befassen.

Viel Freude und Erfolg beim Einsatz der vorliegenden Kopiervorlagen wünschen Ihnen und Ihren Schülern der Kohl-Verlag und

Jasmin Schmidt & Lynn-Sven Kohl

*Wenn in dem vorliegenden Band von Schülern und Lehrern die Rede ist, sind selbstverständlich auch Schülerinnen und Lehrerinnen damit gemeint!

....

Bedeutung der Symbole:

- **EA** Einzelarbeit
- **PA** Partnerarbeit
- **GA** Arbeiten in kleinen Gruppen
- **GA** Arbeiten mit der ganzen Gruppe

Kapitel I (Buchseiten 7-11)

Ben stellt eine Frage

  *Lies im Buch die Seiten 7 bis 11 aufmerksam durch! Beantworte anschließend die folgenden Fragen in vollständigen Sätzen!*

a) Aus welchem Grund bohrt Ben in der Nase?

_____

_____

b) Welche Aufgaben gibt die Mutter Ben und seinem Bruder Holger?

_____

_____

c) Ben braucht lange, bis er seine Aufgaben beginnt. Wo ist er mit seinen Gedanken?

_____

_____

d) Wieso nennt Holger seinen Bruder „Zwerg"?

_____

_____

e) Wie beschreibt Holger das „Verliebtsein"?

_____

_____

_____

f) Ben reagiert gereizt und geht vom Tisch. Wohin verschwindet er?

_____

_____

_____

Kapitel I (Buchseiten 7-11)

  *Im ersten Kapitel werden mehrere Personen erwähnt.
Schreibe die Namen aller vorkommenden Personen heraus!*

_____

_____

  *Ergänze den folgenden „Stammbaum" mit allen Informationen,
die du im ersten Kapitel erhältst!*

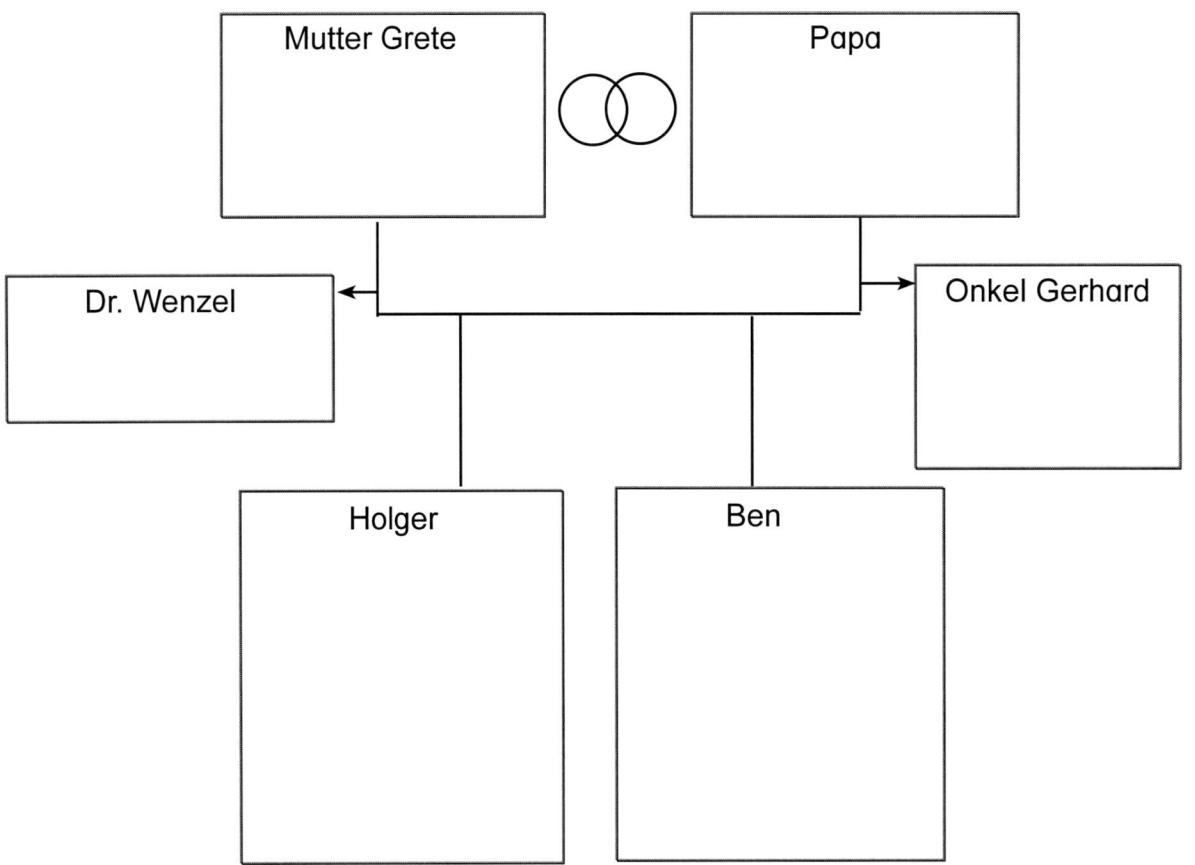

  *Erstelle in deinem Heft/Ordner einen eigenen Stammbaum über
deine Familie, deine Freunde und weitere wichtige Personen,
die in deinem Leben eine Rolle spielen!*

Kapitel II (Buchseiten 12-18)

Anna

  *Lies im Buch die Seiten 12 bis 18 aufmerksam durch! Beantworte anschließend die folgenden Fragen in vollständigen Sätzen!*

a) Was erfährst du auf Seite 12 über Anna?

_____
_____
_____
_____
_____

b) Die Klasse kümmerte sich nicht um Anna. Welche Vorurteile hatten die Kinder gegenüber ihrer neuen Mitschülerin?

_____
_____

c) Vermute, aus welchem Grund Ben einen Streit mit Katja anfing!

_____
_____
_____

d) Wie begründete Herr Seibmann Annas Situation?

_____
_____
_____

e) Warum warf Ben den Ball auf Anna?

_____
_____

Kapitel II   (Buchseiten 12-18)

2 *Wieso kam Ben zu spät aus der Pause zurück? Warum äußerte sich der Lehrer, Herr Seibmann, wohl nicht weiter dazu?*

_____

_____

_____

3 *Suche für jede Person ein passendes Zitat mit ihrer jeweiligen Meinung über Anna!*

Herr Seibmann: _____

_____

_____

Katja: _____

_____

Bernhard: _____

_____

Regine: _____

Ben: _____

4 *Versetze dich in Annas Lage und schreibe einen Tagebucheintrag über die ersten Tage in der neuen Schule!*

5 *Wart ihr selbst schon einmal in einer Situation, in der ihr euch „neu" und „fremd" gefühlt habt? (z.B. beim Schulwechsel, erstes Training in einem Verein, ...)? Tauscht euch in der Gruppe aus!*

6 *Setzt euch zusammen und überlegt Möglichkeiten, wie Anna auf die Kinder und wie auch die Kinder auf Anna zugehen könnten. Schreibt mindestens 4 Ideen in euer Heft/in den Ordner!*

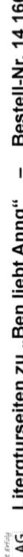

Kapitel III   (Buchseiten 19-26)

Warum Bernhard mit dem Hintern heult

  *Am Morgen lief bei Ben so einiges schief. Was klappte nicht so, wie gewohnt? Zähle auf!*

→ _____

→ _____

→ _____

→ _____

→ _____

→ _____

→ _____

  *Beantworte die folgenden Fragen in vollständigen Sätzen!*

a) Wie fühlt sich Ben, nachdem Herr Seibmann ihn aufgerufen hat?

_____

_____

_____

b) Warum wünschte sich Ben Fieber?

_____

_____

_____

c) Welchen Plan hatte Ben, um Bernhard eins auszuwischen?

_____

_____

Kapitel III (Buchseiten 19-26)

  *Die folgenden Sätze sind durcheinander geraten. Bringe sie wieder in die richtige Reihenfolge. Solltest du nicht weiterkommen, lies noch einmal im Buch auf den Seiten 19 bis 21 nach!*

a) muffig. hatte noch Mutter den war aufgebrüht, überhaupt nicht Tee.

b) „wie vor Ich komm einem mir Tollhaus. in"

c) sich Jens wollte Er doch dabei. und ihn lachte umklammerte losreißen,

d) noch ganz Jens Er ein von und allein. stieß bisschen sich weg stand nun

  *Unterscheide bei den folgenden Wörtern, ob sie einen lang gesprochenen Selbstlaut (Vokal) oder einen kurz gesprochenen enthalten! Setze unter kurze Vokale einen Punkt, unter lange einen Strich!*

früher	klappte	Mutter	motzte	Vater	Schule
Brücken	Spaß	rennen	Hof	schweben	Tafel
Sammler	Brötchen	Folie	Mond	Mitte	Po
konnte	nicht	Sticker	Tafel	hoch	scharf

Kapitel III   (Buchseiten 19-26)

  Erkläre mit eigenen Worten, warum dieses Kapitel „Warum Bernhard mit dem Hintern heult" heißt!

  Jens und Ben vertragen sich vor der Stunde nicht.

    a) Formuliere aus Jens Sicht, was da passiert ist!
       Benutze dazu die wörtliche Rede!

    b) Formuliere aus Bens Sicht,
       warum er so reagierte und wie
       er Jens Verhalten einschätzte!

Kapitel IV   (Buchseiten 27-30)

Holger petzt

  *Zu Beginn dieses Kapitels kommt Bens Vater ziemlich kaputt nach Hause. Beschreibe kurz mit eigenen Worten, was alles geschieht, bis Holger zu „petzen" beginnt!*

_____

_____

_____

 *Wie sieht bei dir der Abend aus, wenn alle Familienmitglieder zu Hause sind? Berichte!*

_____

_____

_____

 *Setze die folgenden Begriffe in den Lückentext ein!*

> Umsiedlerfamilien – ausreden – grinste – Polen – Badezimmertür – Eltern – ihm – Morgen – Vater – sprechen – schwor – Fall – Anna (2x)

Ben drückte sich an Holger vorbei, der fies _____ und verriegelte die _____ hinter sich. Er konnte hören, wie Holger erklärte, _____ sei aus _____. Die _____ staunten. „Aus Polen? Wie kann denn das sein? Sie wird zu diesen _____ gehören", sagte Vater. Ben gefiel es nicht, wie _____ „diese Familien" betonte. Mit denen rede ich nicht über Anna, _____ er sich, mit Holger auf jeden _____ nicht mehr. Doch am nächsten _____ kam Mutter doch noch dazu, mit _____ über Anna zu _____. „Wir wollen dir das nicht _____, das mit _____."

Kapitel IV (Buchseiten 27-30)

  *Wer sagt was? Ordne die folgenden Aussagen den richtigen Personen zu!*

Vater = [V]   Mutter = [M]   Holger = [H]   Ben = [B]

a) [ ] „Ist ja egal."

b) [ ] „Sie ist ganz nett."

c) [ ] „Bring sie doch mal mit!"

d) [ ] „Wart mal einen Augenblick."

e) [ ] „Ist es Katja?"

f) [ ] „Halt doch endlich die Schnauze!"

g) [ ] „Ben hat eine Freundin."

h) [ ] „Sie heißt Anna und ist neu in der Klasse."

i) [ ] „Du bist nicht gerade gesprächig."

  *Trenne die folgenden Wörter in ihre Silbenbestandteile (das heißt, so oft, wie du kannst)!*

Vater – Tasse – Rückfahrt – Zeit – Regen – Wohnzimmer – Meersau – Schweinewetter – Freundin – Spott – Badezimmertür – Klasse – Abwechslung – Nervensäge – Umsiedlerfamilien – Augenblick – Luft

Kapitel IV   (Buchseiten 27-30)

PA

6 a) Findet ihr Holgers Verhalten in Ordnung? Diskutiert und schreibt euer gemeinsames Ergebnis hier auf!

_____
_____
_____
_____

b) Wie reagiert die Mutter aus deiner Sicht? Ist es gut von ihr, dass sie mit Ben noch einmal alleine über Anna spricht?

_____
_____
_____
_____

EA

7 Ben erfährt von seiner Mutter, dass Onkel Gerhard über Pfingsten kommt. Was erfährst du über diesen Onkel? Liste auf!

- _____
  _____
- _____
  _____
- _____
  _____
- _____
  _____

Kapitel V (Buchseiten 31-37)

Wo Anna wohnt

  *Lies im Buch die Seiten 31 bis 37 aufmerksam durch! Beantworte anschließend die folgenden Fragen in vollständigen Sätzen!*

a) Wieso wurde Ben unruhig beim Warten auf Anna?

b) Ben bekam plötzlich Angst, als er Anna nachlief. Warum?

c) Wo hatte Annas Vater in Polen gearbeitet und was ist sein Beruf?

d) Wie groß ist Annas Wohnung und wie viele Personen wohnen darin?

e) Wo sind Annas große Geschwister?

f) Wie hat Anna Deutsch gelernt?

g) Wie findet Ben die Reaktion seiner Mutter, als er ihr sagte, er habe Anna nach Hause gebracht?

Kapitel V   (Buchseiten 31-37)

  **PA ②** *Anna wohnt in den Barackenwohnungen. Was sind das für Wohnungen? Erklärt!*

✎ _____

_____

  **EA ③** *Die Wohnsituation von Annas Familie ist so beengt, dass alle mit lediglich zwei Zimmern auskommen müssen. Male, wie du dir die Wohnräume vorstellst!*

  **GA ④** *Annas und Bens Familien wohnen in sehr unterschiedlichen Verhältnissen. Sammelt gemeinsam, worin die größten Unterschiede zwischen den beiden Familien bestehen! Ihr könnt alle Infos auch aus den vergangenen Kapiteln benutzen.*

Kapitel V (Buchseiten 31-37)

Aufgabe 5: *Trage die gesuchten Begriffe in das Rätsel ein! Die Buchstaben in den grauen Kästchen ergeben, in die richtige Reihenfolge gebracht, einen Lösungssatz!*

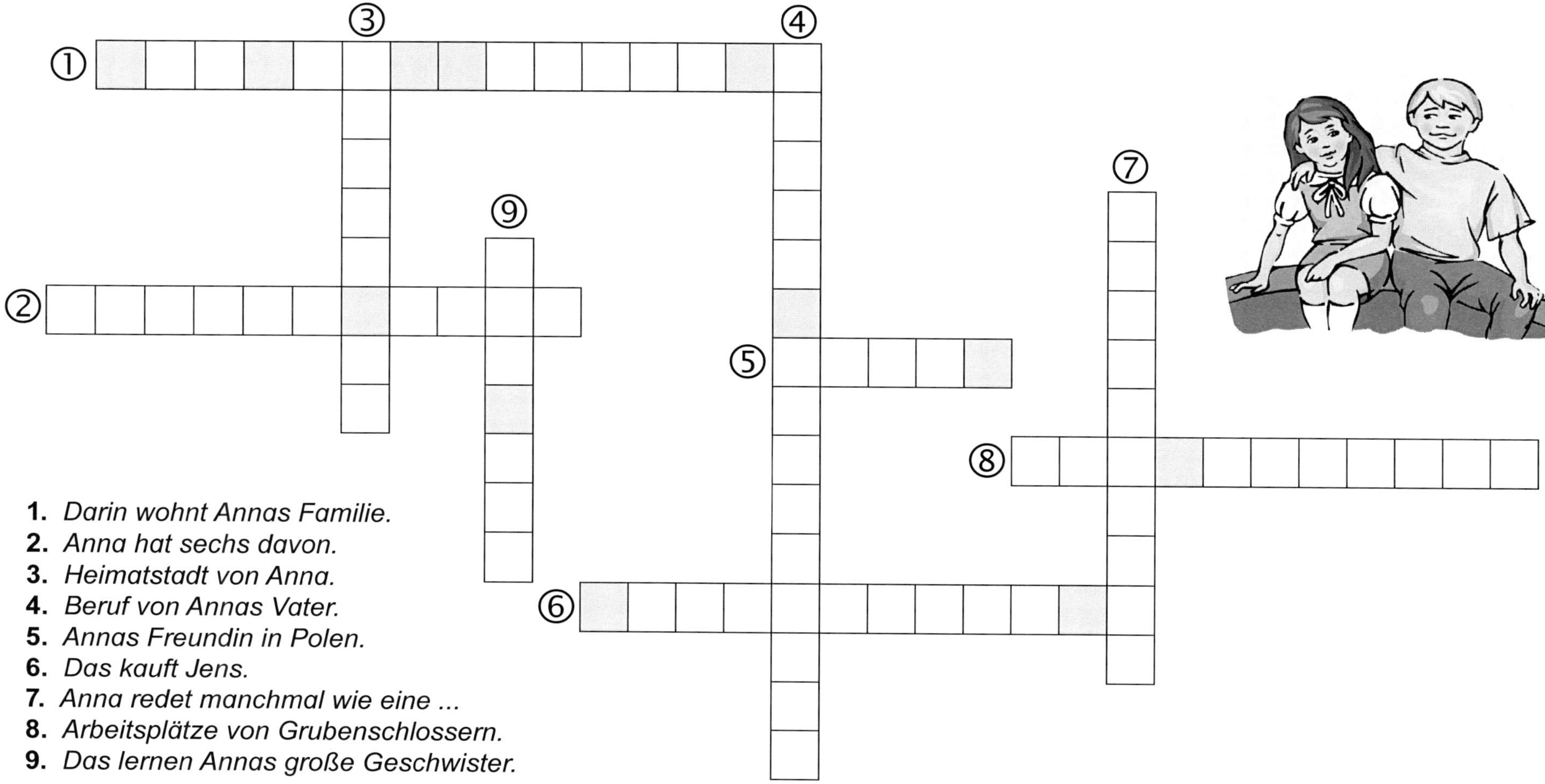

1. Darin wohnt Annas Familie.
2. Anna hat sechs davon.
3. Heimatstadt von Anna.
4. Beruf von Annas Vater.
5. Annas Freundin in Polen.
6. Das kauft Jens.
7. Anna redet manchmal wie eine ...
8. Arbeitsplätze von Grubenschlossern.
9. Das lernen Annas große Geschwister.

Lösung:

Kapitel VI   (Buchseiten 38-40)

Ben schreibt an Anna

1 (EA) *Lies im Buch die Seiten 38 bis 40 aufmerksam durch! Beantworte anschließend die folgenden Fragen in vollständigen Sätzen!*

a) Wieso strengte sich Ben beim Fußballtraining ganz besonders an?

b) Herr Seibmann holte Ben aus dem Spiel. Warum? Und welche neue Aufgabe sollte Ben nun übernehmen?

c) Weswegen schrieb Ben Anna am Nachmittag einen Brief?

2 (GA) *Könnt ihr Bens Reaktion verstehen? Wie kann man sein Verhalten beschreiben?*

3 (EA) *Den Selbstlaut (Vokal) „i" kann man dehnen, indem ein „h" oder ein „e" dahinter gesetzt wird. Lies die Buchseiten 38-40 noch einmal aufmerksam durch und schreibe alle Wörter, die ein gedehntes „i", also ein „ih" oder ein „ie" enthalten, heraus!*

Kapitel VI   (Buchseiten 38-40)

  Was meint Ben mit der Frage: „Willst du mit mir gehen?"? Erkläre!

  Versetze dich in Annas Lage, nachdem sie den Brief erhalten hat. Wir würdest du an ihrer Stelle reagieren – was würdest du Ben antworten? Schreibe einen Antwortbrief!

  Könnt ihr euch denken, warum Ben eigentlich das Briefpapier, das er zum Geburtstag geschenkt bekam, benutzen möchte und auch noch eine neue Patrone in den Füller steckt?

Kapitel VII (Buchseiten 41-48)

Bernhard ersetzt Anna

  *Lies im Buch die Seiten 41 bis 48 aufmerksam durch! Beantworte anschließend die folgenden Fragen in vollständigen Sätzen in deinem Heft/Ordner!*

    a) Wieso hält sich Bens Freude auf die bevorstehenden Ferien in Grenzen und warum lädt er zudem noch Bernhard zu sich ein?

    b) Ben und Bernhard kommen auf die Idee, dem Nachbarn einen Streich zu spielen. Was haben sie vor?

    c) Was passiert, als der Nachbar schließlich auftaucht?

    d) Warum reagiert Herr Leibel wohl so verärgert?

  *Ben plagen große Zweifel, weil Anna immer noch nicht auf seinen Brief reagiert hat. Er spürt sogar ein Spannen in Brust und Bauch. Was hat das deiner Meinung nach zu bedeuten? Finde eine Erklärung!*

_____

_____

_____

  *Bernhard steckt sich den Schlauch zwischen die Beine und es sieht aus, als würde er pinkeln. Ben reagiert aber nicht auf Bernhard und will nicht hinsehen. Dieser nennt ihn deswegen einen Spielverderber. Wie schätzt du die Situation ein? Ist Ben wirklich ein Spielverderber?*

_____

_____

_____

  *Mutter sagte: „Ihr habt euch einen bösen Streich ausgedacht." Was meint ihr dazu? Diskutiert in der Gruppe!*

Kapitel VII   (Buchseiten 41-48)

  *Was erfährt man über die Nachbarn, die Leibels? Notiert alle Informationen, die man dem Kapitel entnehmen kann!*

✎ _____

_____

_____

_____

_____

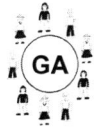  *Sicherlich hat jeder von euch auch schon mal jemandem einen Streich gespielt. Tauscht euch in der Gruppe aus, was ihr angestellt habt und wie die betroffenen Personen darauf reagierten! War euer Streich nur lustig oder hatte er auch etwas Bedenkliches, Gefährliches, Gemeines ... ?*

  *Bernhard ist der Meinung, dass Anna kein richtiges Mädchen ist. Oft haben Jungen und Mädchen Vorurteile gegenüber.*

Bildet Gruppen und sammelt typische Vorurteile, die Jungen und Mädchen gegenseitig haben. Vergleicht und ergänzt anschließend mit den anderen Gruppen in der Klasse!

Jungen	Mädchen

Kapitel VII   (Buchseiten 41-48)

EA

Lies im Buch die Seiten 41 bis 48 sorgfältig durch! Stelle anschließend fest, welche der folgenden Aussagen richtig, welche falsch sind. Kreuze nur die richtigen an. Trage auch ein, auf welcher Seite im Buch du die entsprechende Textstelle (ob richtig oder falsch) gefunden hast!

| X | Richtig! | | Seite |

a) ☐ Vorm Nachbarhaus stand noch die leere Mülltonne auf dem Gehweg. ☐

b) ☐ Herr Leibel brüllte „Aua! Aua!", denn die Tonne war auf seinen Fuß gekippt. ☐

c) ☐ Bernhard und Ben unterhielten sich über die Mädchen in der Klasse. ☐

d) ☐ Schließlich war die Tonne bis zum Rand gefüllt. „Deckel zu!", befahl Bernhard. ☐

e) ☐ Mutter gab Ben eine schallende Ohrfeige. „Geh auf dein Zimmer!", schrie sie. ☐

f) ☐ Herr Leibel trat vor die Garage und ging mit kurzen, energischen Schritten auf die Tonne zu. ☐

g) ☐ Alle freuten sich auf die Pfingstferien – außer Ben. ☐

h) ☐ „Das nächste Mal bringst du anstatt dem Bernhard lieber die Anna mit", meinte die Mutter. ☐

i) ☐ „Herr Leibel hat sich wehgetan, er wird uns anzeigen", sagte die Mutter. ☐

j) ☐ „Die Anna", sagte Bernhard, „ist jetzt noch viel doofer als vorher. ☐

k) ☐ Herr Leibel verließ wortlos das Haus. Bens Mutter schaute ihm ängstlich nach. ☐

l) ☐ „Mann, wird die schnell voll!" Ben gluckste vor Vergnügen. ☐

Kapitel VIII   (Buchseiten 49-54)

Anna antwortet

  *Lies im Buch die Seiten 49 bis 54 aufmerksam durch! Beantworte anschließend die folgenden Fragen in vollständigen Sätzen!*

a) Warum konnte Ben Annas Brief nicht gleich lesen?

_____
_____
_____

b) Weswegen schämte sich Ben für den Brief?

_____
_____
_____

c) Was fragte Anna Ben, als sie ihm in der Pause entgegenkam?

_____
_____

d) Wieso war Anna schon lange nicht mehr mit einem Auto mitgefahren?

_____
_____
_____

e) Nach der Pause wollten die anderen Jungen in der Klasse unbedingt etwas erfahren. Woran waren sie brennend interessiert? Wie kamen sie überhaupt auf diese Idee?

_____
_____
_____
_____

Kapitel VIII (Buchseiten 49-54)

PA

2)

a) Weswegen war Mutter zunächst dagegen, dass Ben bei Anna essen sollte?

_____
_____

b) Was haltet ihr von der Einstellung der Mutter? Begründet eure Meinung!

_____
_____
_____
_____

EA

3)

Womit beschäftigte sich Ben an diesem Nachmittag?

_____
_____

EA

4)

Im Buch auf Seite 50 findest du Annas Brief, den sie in der 1. Person (Ich-Erzähler) geschrieben hat. Setze diesen Brief in die 3. Person (Er-Erzähler) um!

Seite 24

Kapitel VIII (Buchseiten 49-54)

  *Im gesamten Buch „Ben liebt Anna" wurden vom Autor keine Anführungszeichen der wörtlichen Rede gesetzt. Ergänze die korrekte Zeichensetzung im folgenden Abschnitt mit einem grünen Stift!*

Du musst gleich lesen!   rief Anna. Herr Seibmann betrat das Klassenzimmer. Ben schob den Zettel schnell in die Hosentasche. Trotzdem!   sagte Anna sehr laut und trotzig.   Was heißt hier trotzdem?   fragte Herr Seibmann.   Die Anna hat dem Ben einen Brief geschrieben, schrien alle durcheinander.   Ja? Na und?   Herr Seibmann tat so, als bekäme Ben jeden Tag einen Brief von Anna. Anna stand auf. Sie achtete überhaupt nicht auf den Lärm.   Er hat ihn in die Tasche gesteckt und nicht gelesen. Jetzt verstand Herr Seibmann.   Ach, deshalb dein ‚Trotzdem'. Also Ben, lies den Brief mal. Und dann ist Ruhe.   Ben zog den Zettel aus der Tasche, faltete ihn auseinander. Er schämte sich. Warum hat Anna ihm den Brief nicht in der Pause gegeben? Erst lässt sie ihn warten, nun macht sie ihn zum Deppen.   Vorlesen! Vorlesen!   brüllten alle.   Ruhe!   brüllte Herr Seibmann zurück.   Ihr wisst wohl nicht, dass es ein Briefgeheimnis gibt. Wir fangen mal an. Holt das Lesebuch aus der Tasche. Wenn ihr schon lesen wollt.   Ben las. Es war kein langer Brief.

  *Stell dir vor, du bist Ben und schreibst Anna einen Brief. Vielleicht willst du ihr von der Meersau Trudi erzählen?*

Kapitel IX (Buchseiten 55-59)

Ben macht sich schön

  *Lies im Buch die Seiten 55 bis 59 aufmerksam durch! Beantworte anschließend die folgenden Fragen in vollständigen Sätzen!*

a) Ben hat lange geschlafen. Warum hat ihn die Mutter nicht aufgeweckt?

b) Wovon konnte Onkel Gerhard fast nichts abbringen außer Bens Mutter?

c) Wozu rafft sich Ben schließlich vor dem Frühstück auf?

d) Weswegen machen sich Holger und die Mutter lustig über Ben?

e) Ben fand es überhaupt nicht witzig, wie die beiden über ihn lachten. Wie reagierte er? Was vergaß er dabei?

Kapitel IX (Buchseiten 55-59)

  *Erstelle eine Liste über alle Maßnahmen, die Ben ergreift, um toll auszusehen!*

- _____
- _____
- _____
- _____
- _____
- _____

  *Warum rannte Ben wohl einfach davon? Beschreibe, wie er sich wohl gefühlt haben muss, nachdem Holger und Mutter so über ihn geredet hatten!*

_____
_____

  *Was haltet ihr von Holgers und Mutters Reaktion? Diskutiert in der Gruppe!*

  *An welcher Stelle im Kapitel befinden sich die folgenden Textpassagen? Gib die Seitenzahl und die Zeilen an!*

		Seite	Zeile
a)	Holger wieherte: Der ist selber eine Blume.		
b)	Jetzt quatschen Holger und Mutter im Chor.		
c)	Ben wachte erst spät am Vormittag auf.		
d)	Ich muss ja weg.		
e)	Von nun an ging alles wie am Schnürchen.		
f)	Die Meersau stinkt.		
g)	Mutter ließ sich nicht zweimal bitten.		
h)	Er schnitt sich die Fingernägel.		
i)	Als Holger kam, war es mit der schönen Ruhe aus.		

Kapitel X (Buchseiten 60-65)

Kuttelflecke und Annas Überraschung

  *Lies im Buch die Seiten 60 bis 65 aufmerksam durch! Beantworte anschließend die folgenden Fragen in vollständigen Sätzen!*

  a) Wie fühlte sich Ben, als er bei Annas Familie zu Besuch war?

  b) Was gab es bei Anna zu essen?

  c) Welche Überraschung wollte Anna Ben präsentieren?

  d) Anna mochte sich plötzlich hinlegen. Warum? Welcher Wunsch verbarg sich wohl tatsächlich dahinter?

  e) Ben begleitete Anna nicht mehr nach Hause. Was wünschte sich Anna zum Schluss?

  f) Wann würden sich die beiden das nächste Mal sehen können?

  „Ben mochte alles, was Anna mochte ... Ein paar Mal legte er den Arm um ihre Schulter, nahm ihn aber wieder weg ... Aber einen Kuss kannst du mir geben."

Stell dir vor, Ben erzählt abends seiner Meersau Trudi von seinem Tag mit Anna. Bei Trudi kann Ben sich alles von der Seele reden. Er weiß, sie kann nichts davon weitererzählen. Schreibe in die Sprechblase!

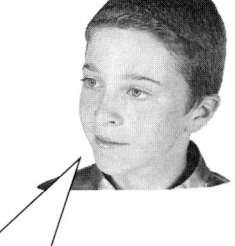

Kapitel X (Buchseiten 60-65)

 **3** Welches Missgeschick passierte Ben auf dem Nachhauseweg?

_____

_____

  **4** Bestimme bei den folgenden Sätzen die Fälle der unterstrichenen Wörter! Schreibe die Abkürzung des jeweiligen Falles darunter!

N = Nominativ	Frage: Wer oder was?
G = Genitiv	Frage: Wessen?
D = Dativ	Frage: Wem?
A = Akkusativ	Frage: Wen oder was?

a) Anna schob ihn durch die Tür.
   ☐   ☐   ☐

b) Ben verpasste mit der Gabel den Mund und stach sich in die Nase.
   ☐   ☐   ☐   ☐

c) Anna hüpfte vor Ben auf die Schwellen.
   ☐   ☐   ☐

d) Der Weg endete vor einem Bahngleis.
   ☐   ☐

e) Ben hörte Anna im Inneren des Häuschens rumpeln.
   ☐   ☐   ☐

f) Auf dem Regal lagen ein paar Mickymaushefte.
       ☐   ☐

  **5** Ben rennt nach Hause und ist sehr aufgewühlt. Versetze dich in Bens Lage und schreibe einen Tagebucheintrag aus seiner Sicht! Schreibe in dein Heft/in deinen Ordner!

Kapitel XI (Buchseiten 66-74)

Zwei Besucher

  *Lies im Buch die Seiten 66 bis 74 aufmerksam durch! Beantworte anschließend die folgenden Fragen in vollständigen Sätzen!*

a) Wieso hatte Herr Seibmann Bens Erzählung über seinen Onkel Gerhard keinen Glauben schenken wollen?

_____
_____

b) Was war bei Onkel Gerhards letztem Besuch mit der Mittagssuppe passiert?

_____
_____

c) Was ist Onkel Gerhard von Beruf?

_____
_____

d) Welche weitere „Erfindung" von Onkel Gerhard versetzte die Kinder ins Staunen?

_____
_____
_____

  *Wie könnte man Bens Onkel Gerhard bezeichnen? Findet möglichst viele treffende Ausdrücke, die auf sein Verhalten passen!*

_____
_____

Kapitel XI (Buchseiten 66-74)

  **③** *Anna scheint sich bei Ben Zuhause wohlzufühlen. Schreibe heraus, woran man das erkennen kann!*

_____
_____
_____
_____

④ *Beantworte die folgenden Fragen in vollständigen Sätzen!*

a) Wieso schaute Mutter skeptisch, als Onkel Gerhard sich bereiterklärte, den Tisch zu decken?

_____
_____

b) Was passierte, als Mutter die Suppe ausschöpfte?

_____
_____

c) Wie reagierte die Mutter? Und wie der Rest der am Tisch Sitzenden?

_____
_____
_____
_____

 **⑤** *Warum reagiert die Mutter wohl so ungehalten auf Onkel Gerhards erneuten Streich? Finde Gründe!*

_____
_____

Kapitel XI (Buchseiten 66-74)

  Unterteile das Kapitel „Zwei Besucher" in vier sinnvolle Abschnitte! Finde passende Überschriften!

1. [Seite / Zeile] _____
2. [Seite / Zeile] _____
3. [Seite / Zeile] _____
4. [Seite / Zeile] _____

  Onkel Gerhard meint zu Ben und Anna im Auto: „Ihr kommt mir vor wie zwei Vögelchen auf der Stange." Was meint er damit?

_____
_____
_____

  „Naja", murmelte Ben und rückte ein bisschen ab von Anna. Aber sie rutschte ihm nach.

Was denkt sich Ben in diesem Moment, was denkt Anna?

Ben

Anna

Kapitel XII   (Buchseiten 75-81)

Anna und Ben tauchen

  *Lies im Buch die Seiten 75 bis 81 aufmerksam durch! Beantworte anschließend die folgenden Fragen in vollständigen Sätzen in deinem Heft/Ordner!*

a) Was wollten Anna und Ben Onkel Gerhard nicht abnehmen?

b) Welchen Grund nannte Onkel Gerhard, dass er nicht verheiratet ist?

c) Auf welche Idee kam Ben, als er mit Anna in den Wald gelaufen war?

d) Was machten die beiden dort?

e) Wieso zogen sich Ben und Anna schließlich aus?

f) Wie verhielten sich die beiden gemeinsam im Wasser?

 *Als Ben und Anna gemeinsam im Wasser plantschen, zieht sich Anna plötzlich zurück und sagt zu Ben: „Du darfst mich nicht so angucken!" Wieso reagiert sie wohl plötzlich so? Findet Gründe und schreibt sie hier auf!*

_____
_____
_____
_____

  *Obwohl Ben und Anna, ohne den Eltern Bescheid zu sagen, an den See verschwinden, reagieren die Eltern großzügig und schimpfen nicht mit den beiden. Warum reagieren sie wohl auf diese Weise?*

_____
_____
_____
_____
_____

Kapitel XII   (Buchseiten 75-81)

EA ④ *Ben ist glücklich, als er nach dem Baden mit Anna in die Kuhle rollt und sich ihre Gesichter berühren. Er denkt: „Es soll gar nicht mehr aufhören." Warum sagt Ben wohl, dass seine Eltern warten würden, obwohl er das eigentlich gar nicht will?*

PA ⑤ *Erinnert euch an die Situation, als Ben bei Anna zu Besuch war (Buchseiten 60 bis 65). Auch an diesem Tag waren Ben und Anna ganz für sich allein. Vergleicht die beiden Situationen miteinander! Was ist ähnlich, was ist völlig anders?*

Ben und Anna alleine am Bahndamm	Ben und Anna alleine am See

EA ⑥ *Wieso schmunzelt die Mutter, als Ben und Anna wieder zu ihnen stoßen? Was denkt sie sich wohl, als sie fragt, ob die beiden denn gar keinen Hunger hätten?*

Kapitel XII   (Buchseiten 75-81)

 **7** *Schreibt jeweils einen Eintrag entweder in Bens oder in Annas Tagebuch (einigt euch vorher, wer welche Person übernimmt). Schildert den Verlauf des Tages aus der Sicht der ausgewählten Person. Tauscht anschließend euer Ergebnis und lest es durch!*

  **8** *Als Onkel Gerhard Anna vor der Baracke abgesetzt hat, fragt er Ben: „Na, was sagst du zur Lage?" Was meint er damit und was meint Onkel Gerhard mit der Aussage „du untertreibst"?*

Kapitel XIII (Buchseiten 82-87)

Die zweite Zeile

 *Ein Windstoß hat alle Sätze wild durcheinandergewirbelt. Setze die Satzteile wieder richtig zusammen und schreibe sie unten auf!*

EA

... ihm stand und, wie er, auf die Tafel starrte.	... ihn unmerklich.	... noch etwas antun würden.
... zu seiner Krankheit.	An der Tafel stand in großen Buchstaben ...	Er musste nicht lange ...
Sonst würde nicht alles ...	Er hatte gewusst, dass sie ihm ...	... BEN LIEBT ANNA.
... nachforschen, warum.	Er stand wie angewurzelt zwischen ...	... auf seiner Schulter.
... in ihm so wehtun.	Es war sonderbar, dass die andern nicht lachten, sondern ...	
... Tischen und Tafel.	Die Klasse schien mehr auf ihn zu warten ...	
Ben hatte nicht bemerkt, dass Herr Seibmann ...	... den Atem anhielten, von ihm etwas erwarteten.	
Er spürte die große Hand ...	... als auf den Lehrer.	Sie streichelte ...
Das gehörte ...	... die Tür leise hinter sich zugezogen hatte, neben ...	

Kapitel XIII (Buchseiten 82-87)

  *Lies im Buch die Seiten 82 bis 87 aufmerksam durch! Kreuze die richtigen Sätze an!*   ☒ Richtig

a) *Was geschah am ersten Schultag nach den Ferien?*

☐ Jens hatte Anna auf dem Schulhof im Arm. Das machte Ben richtig wütend und er beleidigte Jens.

☐ Ben sah, wie Anna und Jens miteinander tuschelten. Er fühlte sich links liegengelassen und suchte Streit mit den beiden.

b) *Was stand an der Tafel, als Ben nach der Pause den Klassenraum betrat?*

☐ An der Tafel stand: „ANNA LIEBT BEN".

☐ An der Tafel stand: „BEN LIEBT ANNA".

c) *Wie fühlte sich Ben in diesem Moment vor der Klasse?*

☐ Ben fühlte sich sehr schlecht, ihm war zum Heulen zumute.

☐ Er fühlte sich schlecht, weil er Anna doch gar nicht lieb hatte.

d) *Was schlug Herr Selbmann Ben vor, als er erkannte, dass es Ben offensichtlich nicht sehr gut ging?*

☐ Herr Selbmann schlug Ben vor, auf die Toilette zu gehen, damit Ben sich etwas erholen könne.

☐ Herr Selbmann schlug Ben vor, er könne auch nach Hause gehen.

③ *Was unternahm Herr Selbmann, um Ben in dieser kniffligen Situation zu helfen? Schildere, was du im Buch erfährst!*

_____
_____
_____
_____
_____

Kapitel XIII (Buchseiten 82-87)

  Versetze dich in Ben und schreibe in die Gedankenblase, was ihm wohl auf dem Nachhauseweg durch den Kopf gehen wird!

  Was haltet ihr von Herrn Seibmanns Reaktion, als er die Klasse betritt und Ben hilflos vor der Klasse steht? Hättet ihr es auch so gemacht wie Herr Seibmann? Oder hättet ihr eine andere Reaktion gezeigt? Diskutiert in der Klasse!

  Wie ist es wohl zu der „seltsamen" Situation zwischen Ben und Anna gekommen? In welchem Zustand befindet sich Bens und Annas Freundschaft zu diesem Zeitpunkt? Überlegt gemeinsam und erstellt eine Liste, die beide Seiten (die von Ben und auch die von Anna) miteinbezieht!

Kapitel XIV *(Buchseiten 88-92)*

Ben wird krank und Anna geht

Lies im Buch die Seiten 88 bis 92 aufmerksam durch! Beantworte anschließend die folgenden Fragen in vollständigen Sätzen!

a) Als Ben wieder fast ganz gesund war, hatte Vater eine Neuigkeit zu erzählen. Welche?

b) Wie reagierte Ben, als er erfuhr, dass Anna wegziehen wird? Wie verhielt sich der Vater in diesem Moment?

c) Wo begegneten sich Ben und Anna zum ersten Mal nach seiner langen Krankheit wieder?

d) Anna sagte Ben etwas, was ihn sehr freute. Was?

e) Wie verlief Annas letzter Tag in der Schule?

Schreibe auf, wie Bens und Annas letzte gemeinsame Augenblicke verlaufen und wie sich ihre Wege schließlich trennen! Schreibe in dein Heft/in deinen Ordner!

Kapitel XIV (Buchseiten 88-92)

Löse das folgende Kreuzworträtsel! Die Buchstaben in den grauen Kästchen ergeben, in die richtige Reihenfolge gebracht, ein Lösungswort.

EA

a) Woran ist Ben erkrankt? An einer komplizierten ... .
b) Wen hat Bens Vater in der Zwischenzeit besucht? Annas ... .
c) Die Mitscheks werden wegziehen. Wohin? Ins ... .
d) Wo wartet Anna auf Ben, als die beiden sich wiedersehen? Am ... .
e) Anna ist ... , weil sie Ben in Zukunft nicht mehr sehen wird.
f) Welches Abschiedsgeschenk überreicht die Klasse Anna zum Abschied? Einen ... .
g) Was sagt Herr Mitschek zu Ben? „Dein Vater ist in ... ."
h) Was wollte Ben Anna zum Abschied geben? Einen ... .
i) Wie tröstet sich Ben? Man könne sich ja Briefe schreiben und sich ... .
j) Was tat Ben nicht, als Anna weglief, obwohl im danach zu Mute war?

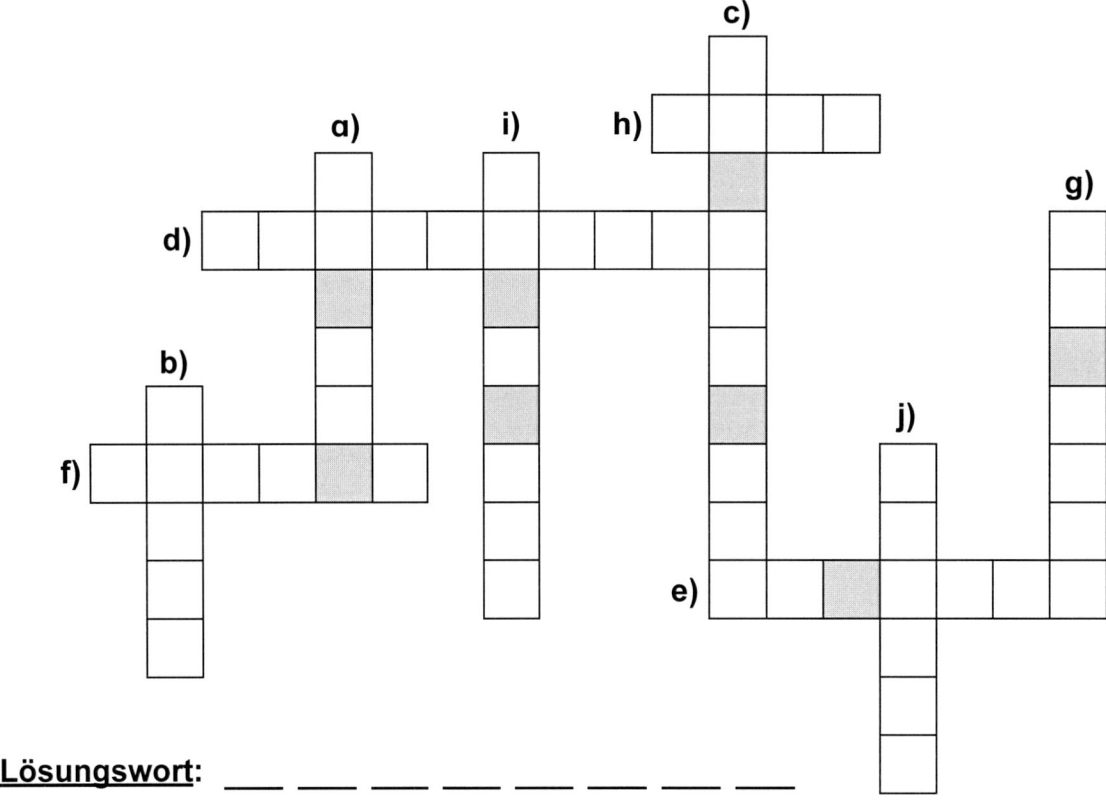

Lösungswort: __ __ __ __ __ __ __ __ __

Im Buch steht beschrieben, welches Gedankenchaos sich in Bens Kopf abspielt, als er nach dem Abschied nach Hause rennt. Wie wird es wohl bei Anna aussehen? Schreibe auf die Blattrückseite oder in dein Heft, was du dir vorstellst, was ihr in diesem Moment durch den Kopf gegangen sein könnte!

EA

Kapitel XIV   (Buchseiten 88-92)

  Ben ist zum Abschied zum Heulen zu Mute. Trotzdem verlässt keine einzige Träne seine Augen. Hast du eine Vorstellung, warum nicht?

  Der Autor des Buches lässt das Ende der Geschichte bewusst unbeantwortet. Welche Gründe könnte er dafür haben?

  Wie könnte die Geschichte weitergehen? Überlegt gemeinsam und schreibt eine möglichst spannende Fortsetzung! Vergleicht eure Fortsetzung mit denen eurer Klassenkameraden!

  Wähle zwischen folgenden Aufgabenstellungen aus!

   a) Anna schreibt als erste nach dem Umzug einen Brief an Ben.

   b) Ben schreibt Anna als erster einen Brief, nachdem sie weggezogen ist.

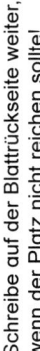

Buchkritik

  *Rufe dir noch einmal die wichtigsten Eckdaten zum Buch in Erinnerung! Stell dir vor, diese Buchvorstellung ist für eine Person, die das Buch noch nie gelesen hat!*

Titel: _____   Verlag: _____

Autor: _____   Seiten: _____

                                                                  Kapitel: _____

Hauptpersonen: _____

_____

a) Worum geht es in dem Buch?

_____

_____

_____

_____

b) Was geschieht?

_____

_____

_____

_____

c) Wie endet das Buch?

_____

_____

_____

_____

Buchkritik

d) Diesen Abschnitt fand ich besonders spannend oder gut (mit Begründung!):

_____
_____
_____
_____

Deine Kritik: Schreibe hier, ob und warum du dieses Buch empfehlen kannst. Was hat dir besonders gefallen? Was hast du vermisst? Was hat dir nicht so gut gefallen? Was hätte der Autor anders machen können?

_____
_____
_____
_____
_____
_____
_____
_____

Deine abschließende Bewertung „in Sternen" (je besser, desto mehr angemalte Sterne):

EA

Recherchiere auch im Internet, was andere über das Buch „Ben liebt Anna" geschrieben haben.

Die Lösungen

Kapitel I:

1. a) Ben behauptet, dass er „mit der Nase" besser denken kann.
   b) Die Mutter will, dass Ben seine Hausaufgaben macht und Holger später die Aufgaben nachprüft.
   c) Ben muss an Anna denken, obwohl er lieber rechnen würde.
   d) Holger nennt Ben „Zwerg", weil er damit zeigen will, dass er der ältere von beiden ist.
   e) Holger sagt, dass man ständig nur an das Mädchen denken muss und es sich anfühlt wie Bauchweh.
   f) Ben nimmt seine Sachen und geht in sein Zimmer. Dort streichelt er seine Meersau Trudi.

2. Mutter Grete, Ben, Holger, Onkel Gerhard, Papa, Dr. Wenzel, Anna

3. <u>Mutter Grete</u>: arbeitet als Arzthelferin; <u>Papa</u>: nennt Mutter „Grete"; <u>Onkel Gerhard</u>: bohrt in der Nase, ist über 50; <u>Dr. Wenzel</u>: Chef von Mutter, Grete; <u>Holger</u>: ist 13 Jahre alt, ist gut in der Schule; <u>Ben</u>: ist 9 Jahre alt, ist verliebt in Anna, nicht so gut in der Schule, hat ein Meerschweinchen

Kapitel II:

1. a) Anna Mitschek kam Anfang der vierten Klasse neu in die Schule. Sie trug ein altmodisches Kleid, war blass und dünn und hatte einen langen Zopf. Ihre Augen waren braun und riesig. Sie kam erst vor einem halben Jahr nach Deutschland, zuvor lebte sie mit ihren Eltern in Polen.
   b) Karin sagte, Anna würde stinken und sie könne nicht richtig schreiben. Regina sagte, Anna sei blöd und saudumm, weil sie nicht mit ihr reden würde.
   c) Ben wurde es zuviel, dass sich alle lustig über Anna machten und gemeine Dinge über sie sagten. Er wollte Anna verteidigen.
   d) Er erklärte den Kindern, dass sie, wenn auch sie einmal in eine andere Stadt oder sogar in ein anderes Land ziehen würden, auch erstmal fremd wären.
   e) Ben wollte Anna nur deswegen treffen, um von ihr eine Reaktion zu erhalten.

2. Ben hatte auf Anna gewartet, um sich für den Wurf zu entschuldigen. Dabei ist ihm noch herausgerutscht, dass er Anna mag. Herr Seibmann beobachtet die beiden vielleicht aufmerksam, da sich zum ersten Mal jemand ernsthaft mit Anna auseinanderzusetzen scheint. Daher schimpft er auch trotz Verspätung nicht.

3. **Herr Seibmann:** „Es kann jedem von euch passieren, dass er in eine andere Stadt und eine andere Schule kommt".
   Katja: „Die ist überhaupt eine Polin und keine Deutsche!".
   Bernhard: „Die hat vielleicht in Polen nicht bleiben dürfen."
   Regine: „Die ist blöd, die redet nicht mit mir."
   Ben: „Ich mag dich aber."

Kapitel III:

1. - Mutter hatte den Tee noch nicht aufgebrüht und war überhaupt muffig.
   - Holger motzte.
   - Vater konnte ihn nicht mit dem Auto zu Schule mitnehmen.
   - Vater brachte mit seiner Eile alles durcheinander.
   - Bens Tee war nur lauwarm.
   - Bens Jeans waren kaputt.
   - Ben schlug Jens.
   - Als Ben von Herrn Selbmann drangenommen wurde, wusste er nichts.
   - Bernhard fand Anna jetzt doch gut.
   - Nach der Aufkleber-Aktion an Bernhards Hose musste Ben nachsitzen.

2. a) Nachdenken half nichts, Bens Kopf war leer. Er fühlte sich, als würde er gleich schweben.
   b) Ben könnte dann nach Hause gehen. Er wollte nicht länger in der Schule bleiben, weil Bernhard ihm sagte, er würde jetzt mit Anna gehen und er Anna ein Brötchen schenkte.
   c) Ben legte einen Sticker mit der Klebeseite nach oben auf Bernhards Stuhl. Als Bernhard sich reinsetzte, hatte er den Sticker am Popo kleben.

3. a) Mutter hatte den Tee noch nicht aufgebrüht, war überhaupt muffig.
   b) „Ich komm mir vor, wie in einem Tollhaus."
   c) Er wollte sich losreißen, doch Jens umklammerte ihn und lachte dabei.
   d) Er stieß Jens noch ein bisschen von sich weg und stand nun ganz allein.

4. früher   klappte   Mutter   motzte   Vater   Schule   Brücken   Spaß   rennen
   – •   • •   • •   • •   – •   – •   • •   –   • •

   Hof   schweben   Tafel   Sammler   Brötchen   Folie   Mond   Mitte   Po
   –   • •   – •   • •   – •   – • •   –   • •   –

   konnte   nicht   Sticker   Tafel   hoch   scharf
   • •   •   • •   – •   –   –

5. Das liegt an Bens Aktion mit dem heulenden Mond-Sticker, den er Bernhard auf den Popo geklebt hatte. Als Bernhard zur Tafel lief, „heulte" sein Hintern bei jedem Schritt.

Die Lösungen

Kapitel III:

6. a) <u>Mögliche Lösung</u>: Ich habe Ben doch nur aus Spaß festgehalten, und der schlägt mir gleich mit der Faust in den Bauch! Das tat so weh, dass ich zuerst nur noch wimmerte und dann Ben mit „Du dumme Sau!" anschrie.
   b) <u>Mögliche Lösung</u>: Als ich Anna nicht entdecken konnte, hielt mich Jens auf einmal fest. Ich wollte meine Ruhe und nicht auch noch gehänselt oder gereizt werden. Das war kein Spaß! Da wurde ich so wütend, dass ich Jens in den Bauch geboxt habe. Der Blödmann machte gleich eine große Sache daraus, obwohl es gar nicht so weh getan haben kann. Weil Anna mich so verängstigt anschaute, stieß ich Jens noch ein bisschen mehr weg.

Kapitel IV:

1. Lösung siehe im Buch auf Seite 27!

2. Individuelle Lösungen!

3. <u>In folgender Reihenfolge</u>: grinste, Badezimmertür, Anna, Polen, Eltern, Umsiedlerfamilien, Vater, schwor, Fall, Morgen, ihm, sprechen, ausreden, Anna

4. a) B; b) B; c) M; d) V; e) M; f) B; g) H; h) B; i) M

5. Va - ter; Tas - se; Rück - fahrt; Zeit; Re - gen; Wohn - zim - mer; Meer - sau; Schwei - ne - wet - ter; Freun - din; Spott; Ba - de - zim - mer - tür; Klas - se; Ab - wechs - lung; Ner - ven - sä - ge; Um - sied - ler - fa - mi - li - en; Au - gen - blick; Luft

6. <u>Mögliche Interpretationen</u>:
   a) Holger erfreut sich beinahe schadenfroh an der Sensation, dass Ben eine neue Freundin hat – und dann auch noch eine Polin. Er zwingt Ben dazu, mit der Neuigkeit herauszurücken und bringt ihn damit in eine unangenehme Situation.
   b) Die Mutter verhält sich eigentlich richtig, indem sie Ben erklärt, dass er nichts Verbotenes tut. Sie zeigt Interesse für Anna und möchte ihm damit Sicherheit geben.

7. Vater stöhnte, dass Onkel Gerhard eine Nervensäge sei. Er ist Vaters älterer Bruder. Er ist ganz schön verrückt. Ben freut sich auf Onkel Gerhard, denn er ist eine echte Abwechslung.

Kapitel V:

1. a) Ben wollte nicht, dass Jens mitbekommt, dass Ben auf Anna wartete.
   b) Er hatte Angst, dass Anna ihn auslachen könnte oder ihn für blöd halten könnte.
   c) Der Vater ist von Beruf Grubenschlosser und hat in Kohlegruben gearbeitet.
   d) Es wohnen neun Personen in der Wohnung. Die Wohnung hat zwei Zimmer.
   e) Die beiden Großen besuchen eine Heimschule, um Deutsch zu lernen.
   f) Sie hat es sich selbst beigebracht, weil sie oft mit ihren Eltern Deutsch sprach.
   g) Ben war enttäuscht, dass die Mutter nicht weiterfragte.

2. Barackenwohnungen sind kleine, alte Wohnungen für ärmere Menschen. Oft wohnen viele Menschen oder große Familien in zwei Zimmern.

3. Individuelle Lösungen!

4. Individuelle Lösungen!

5. 1 = Barackenwohnung; 2 = Geschwister; 3 = Katowice; 4 = Grubenschlosser; 5 = Sonja; 6 = Brauseherzen; 7 = Erwachsene; 8 = Kohlegruben; 9 = Deutsch
   <u>Lösungssatz</u>: Ben liebt Anna.

Kapitel VI:

1. a) Ben hoffte, Anna durch seinen Einsatz zu beeindrucken.
   b) Ben spielte sehr schlecht und verspielte jeden Ball. Als er unbedingt eine Ecke schießen wollte, trudelte der Ball einfach ins Seitenaus. Deswegen nahm ihn Herr Seibmann aus dem Spiel und gab ihm die Aufgabe, als Linienrichter aufs Spiel zu achten.
   c) Ben schrieb Anna einen Brief, weil er es blöd fand, dass Anna ihn beim Fußballspiel genauso auslachte wie die anderen Mädchen.

3. **Wörter mit „ie"**: Fußballspiel, die, Fußballspieler, Gegenspielers, sie, schießen, hielt, wie, spielen, Brief, Briefpapier, schrieb, Liebe
   Wörter mit „ih": ihm, ihn

4. Ben fragt Anna, ob sie seine Freundin werden möchte. (Dieses „Willst du mit mir gehen?" ist ein typischer Spruch.)

6. Ben ist der Brief an Anna sehr wichtig. Deshalb möchte er eigentlich auch das Briefpapier benutzen. Er verwendet dafür sogar extra eine neue Patrone für den Füller. Der Brief soll besonders sorgfältig sein.

Seite 45

Die Lösungen

Kapitel VII:

1. a) Anna hatte ihm weder auf seinen Brief geantwortet noch mit ihm darüber gesprochen. Ben wusste nicht, wie er Annas Verhalten einordnen sollte und wollte keinen Liebeskummer über die Ferien haben, weil er ständig an Anna denken musste. Deshalb versuchte er sich mit Bernhard abzulenken.
   b) Ben wollte mit Bernhard spielen um so nicht die ganze Zeit über Anna nachdenken zu müssen. Bernhards Idee war es, die Mülltonne von Bens Nachbarn mit Wasser zu füllen, so dass man sie nicht mehr wegschieben konnte. Die beiden kletterten mit dem Gartenschlauch über den Zaun. Ben passte auf, dass sie keiner sah und Bernhard hob den Schlauch in die Tonne. Als die Tonne mit Wasser vollgelaufen war, verschwanden sie schnell wieder hinter dem Zaun.
   c) Herr Leibel taucht auf und versucht, die Mülltonne zur Seite zu schieben. Dabei verletzt er sich und wird fuchsteufelswild. Daraufhin taucht er vor Bens Haus auf und beschwert sich bei dessen Mutter.
   d) Herr Leibel ist zum einen wütend über den Streich, die Tonne mit Wasser zu füllen, zum anderen hat er sich, als er die Tonne wegschieben wollte, am Fuß verletzt.

2. Ben hat wohl „Liebeskummer". Den kann man körperlich spüren und es tut Ben „weh", wenn er an Anna denkt. Deshalb möchte er sich mit Bernhard ablenken.

3. Individuelle Lösungen!

4. Individuelle Lösungen!

5. Leibels kommen beide erst abends nach Hause. Herr Leibel ist ein hohes Tier bei der Bundesbahn. Er ist klein und dick, trägt graue Anzüge und eine Aktentasche. Zu Geburtstagen bekommt Ben immer Werbegeschenke von der Bundesbahn von Herrn Leibel geschenkt. Vor Wut konnte Herr Leibel nicht reden. Bens Familie hat mit Leibels Schwierigkeiten. Sie sind so schrecklich pingelig. Herr Leibel hat sich so weh getan, dass er womöglich ins Krankenhaus muss. Herr Leibel ist wohl krank.

8. a) R (Seite 44); b) F (Seite 46); c) R (Seite 42); d) R (Seite 45); e) F (Seite 48); f) R (Seite 46); g) R (Seite 41); h) R (Seite 48); i) F (Seite 47); j) F (Seite 42); k) F (Seite 47); l) F (Seite 44)

Kapitel VIII:

1. a) Herr Seibmann betrat das Klassenzimmer, deshalb konnte Ben nicht beginnen, den Brief zu lesen, da alle Mitschüler gespannt auf ihn blickten.
   b) Ben schämte sich für den Brief, weil Anna ihm diesen vor der ganzen Klasse gegeben hat, so dass es alle Mitschüler und Herr Seibmann mitbekamen.
   c) Anna wollte wissen, ob Ben am nächsten Tag zu ihr zum Essen kommen würde.
   d) Anna war schon lange nicht mehr Auto gefahren, weil ihre Eltern keines hatten. Erst wenn ihr Vater wieder Arbeit haben würde, könnten sie sich ein Auto leisten.
   e) In der Pause hatte Anna Ben ganz nah an sich herangezogen, sodass es aussah, als wolle sie ihn küssen (was nicht der Fall war). Sie legte lediglich ihre Arme um ihn herum.

2. a) Bens Mutter wollte nicht, dass er bei Anna isst, weil die Familie arm ist und das Essen selbst nötig hat.

3. Er schloss sich in sein Zimmer ein und schrieb alles auf, was mit Anna zu tun hatte. Viele der Sätze begann er mit Anna.

4. Anna schreibt, dass sie deinen Brief bekommen hat. Sie findet ihn schön. Was Ben sagt, findet sie auch schön. Anna fragt, ob Ben weggeht, wenn Ferien sind. Sie will wissen, ob sie etwas miteinander machen.

5. „Du musst gleich lesen!", rief Anna. Herr Seibmann betrat das Klassenzimmer. Ben schob den Zettel schnell in die Hosentasche. „Trotzdem!", sagte Anna sehr laut und trotzig. „Was heißt hier trotzdem?", fragte Herr Seibmann. „Die Anna hat dem Ben einen Brief geschrieben", schrien alle durcheinander. „Ja? Na und?" Herr Seibmann tat so, als bekäme Ben jeden Tag einen Brief von Anna. Anna stand auf. Sie achtete überhaupt nicht auf den Lärm. „Er hat ihn in die Tasche gesteckt und nicht gelesen." Jetzt verstand Herr Seibmann. „Ach, deshalb dein ‚Trotzdem'. Also Ben, lies den Brief mal. Und dann ist Ruhe." Ben zog den Zettel aus der Tasche, faltete ihn auseinander. Er schämte sich. Warum hat Anna ihm den Brief nicht in der Pause gegeben? Erst lässt sie ihn warten, nun macht sie ihn zum Deppen. „Vorlesen! Vorlesen!", brüllten alle. „Ruhe!", brüllte Herr Seibmann zurück. „Ihr wisst wohl nicht, dass es ein Briefgeheimnis gibt. Wir fangen mal an. Holt das Lesebuch aus der Tasche. Wenn ihr schon lesen wollt." Ben las. Es war kein langer Brief.

Kapitel IX:

1. a) Die Mutter ließ Ben ausschlafen, weil sie wollte, dass er die Ferien genießt.
   b) Onkel Gerhard tüftelte sehr gerne und Holger hatte schon seinen Elektronikkram ausgebreitet.
   c) Er möchte sich für Anna hübsch machen und beginnt sich ausgibig zu waschen und zu pflegen.
   d) Die beiden fanden es lustig, wie Ben so herausgeputzt am Frühstückstisch saß und alles ganz flott und alleine erledigt hat, um Anna zu gefallen.
   e) Ben rannte einfach davon, los zu Anna. In seiner Wut auf Mutter und Holger wollte er nicht mehr umkehren, um den Blumenstrauß für Annas Mutter zu holen.

2. er badete; er wusch sich die Haare; er schnitt sich die Fingernägel; er föhnte sich die Haare; er zog seine Lieblingsjeans an und ein Hemd; er benutzte Vaters Rasierwasser

Die Lösungen

5. a) Seite 59, Zeile 4; b) Seite 58, Zeile 15; c) Seite 55, Zeile 1; d) Seite 55, Zeile 10; e) Seite 56, Zeilen 14/15; f) Seite 56, Zeile 2; g) Seite 58, Zeilen 2/3; h) Seite 56, Zeile 16; i) Seite 56, Zeile 23

Kapitel X:

1. a) Ben fühlte sich trotz der vielen Leute wohl. Ihm gefiel die laute Fröhlichkeit zu Hause bei Anna.
   b) Es gab Kutteln mit Soße und dazu Kartoffeln (Kuttelflecke).
   c) Anna zeigte Ben ein Häuschen an den Bahngleisen. Darin lag eine Matratze. Dort befanden sich auch Mickymaushefte und Schokolade.
   d) Anna wollte sich hinlegen, weil sie angeblich müde war. Der wahre Grund war womöglich, dass sie Ben nahe sein wollte.
   e) Anna wollte von Ben einen Kuss zum Abschied und hat diesen auch bekommen.
   f) Anna wollte am nächsten Tag zu Ben kommen, wenn es die Eltern erlauben würden.

3. Ben rannte sehr schnell über den Hof und passte dabei nicht richtig auf, sodass er stürzte und sich die Hände aufschürfte.

4. a) Anna = N (Wer?); ihn = A (Wen?); die Tür = A (Durch was?)
   b) Ben = N (Wer?); der Gabel = D (Mit wem/was?); den Mund = A (Wen?); die Nase = A (In was?)
   c) Anna = N (Wer?); Ben = D (Vor wem?); die Schwellen = A (Auf wen?)
   d) Der Weg = N (Wer?); einem Bahngleis = D (Vor wem/was?)
   e) Ben = N (Wer?); Anna = A (Wen?); des Häuschens = G (Wessen?)
   f) dem Regal = D (Auf wem/was?); Mickymaushefte = N (Wer/Was?)

Kapitel XI:

1. a) Herr Seibmann glaubte Ben nicht, weil er fand, dass eine Person alleine so komisch gar nicht sein könne.
   b) Onkel Gerhard hatte ein Körnchen in die Suppe geworfen, worauf die sich in einen Klumpen verwandelte.
   c) Onkel Gerhard arbeitet als Chemiker. Man bezeichnet ihn auch gerne als Erfinder.
   d) Onkel Gerhard ließ aus einem Wassereimer einen schwammartigen Baum wachsen. / Onkel Gerhard hat die Suppenteller mit Kristallen versehen, damit es zischt, kracht und brodelt, sobald die Suppe in den Teller gelangt.

3. Anna verstand sich auf Anhieb sehr gut mit Bens Mutter. Das ganze Haus versetzte sie ins Staunen, auch Bens Zimmer gefiel ihr sehr gut. Besondere Begeisterung löste Bens Meersau Trudi bei Anna aus.

4. a) Sie befürchtete, dass Onkel Gerhard mal wieder eine plötzliche Explosion oder ähnlichen Unsinn verstecken wollte.
   b) Wie vermutet, begann es beim Ausschöpfen plötzlich zu krachen und zu zischen.
   c) Alle mussten schrecklich lachen. Nur die Mutter lachte gar nicht, sie war überhaupt nicht begeistert von Onkel Gerhards erneutem Streich. Sie schickte ihn in die Küche, um die Teller zu waschen.

5. Vermutlich gefällt es ihr gar nicht, dass Onkel Gerhard trotz Annas Anwesenheit wieder einen seiner Scherze durchführen muss. Vielleicht hält sie Annas Besuch für so bedeutend, dass sie dafür keinen Spaß übrig hat.

6. Mögliche Lösungen: Onkel Gerhard kommt zu Besuch (S. 66 Anfang bis S. 68 Zeile 22)
   Anna kommt (S. 68 Zeile 23 bis S. 70 Zeile 23)
   Der Streich am Mittagstisch (S. 70 Zeile 24 bis S. 72 Zeile 11)
   Der Ausflug (S. 72 Zeile 15 bis S. 74 Ende)

Kapitel XII:

1. a) Die beiden glaubten Onkel Gerhard nicht, dass er die Tubennahrung für die Astronauten testen durfte und er deshalb so dünn war.
   b) Onkel Gerhard meinte, dass es keine Frau Tag für Tag mit ihm aushalten würde.
   c) Er wollte mit Anna an den benachbarten See laufen und ein wenig am Wasser planschen.
   d) Sie planschten mit den Füßen im Wasser, sammelten Reisig und bauten einen Damm. Schließlich badeten sie im See.
   e) Ben hatte Anna und sich selbst nassgespritzt.
   f) Sie planschten ausgelassen miteinander. Ben drückte Anna und sich selbst sogar unter Wasser. Sie hatten zunächst großen Spaß, bis Anna sich schließlich überraschend zurückzog.

2. Anna wurde wohl schlagartig klar, dass sie völlig nackt war und dass Ben sie verstohlen anstarrte. Das war ihr unangenehm, deswegen suchte sie das Weite, um sich etwas anzuziehen. Ihr ist diese plötzliche Nähe zu Ben wohl noch etwas unheimlich.

3. Die Eltern wollen den beiden verliebten Kindern ihre Ruhe lassen, damit sie sich nicht gehemmt und gestört fühlen.

4. Eine mögliche Erklärung wäre, dass ihn die Nähe zu Anna unheimlich wird. Vielleicht bekommt er aber nur ein schlechtes Gewissen oder Angst, weil sie so lange von den Eltern wegbleiben und die Bens und Annas Nähe eventuell nicht gut finden könnten.

Die Lösungen

5. Mögliche Lösung:

Ben und Anna alleine am Bahndamm	Ben und Anna alleine am See
Anna will Ben nahe sein.	Ben will Anna nahe sein.
Ben traut sich nicht so recht an Anna heran. Er verhält sich ungeschickt.	Anna ist zunächst ausgelassen mit Ben im Wasser, zieht sich dann jedoch plötzlich zurück.
Anna und Ben küssen sich.	Anna und Ben landen eng umschlungen in einer Kuhle.
Ben ist die Nähe zu Anna irgendwie unangenehm, obwohl sie ihn reizt.	Anna fühlt sich in ihrer Nacktheit vor Ben plötzlich unsicher.

6. Individuelle Lösungen!

7. Individuelle Lösungen!

8. Onkel Gerhard fragt Ben eigentlich deswegen, ob dieser mit der Entwicklung zufrieden ist, weil kaum zu übersehen ist, dass Bens Zuneigung zu Anna durch das Mädchen erwidert wird. Als Ben sich mit der Aussage „Ganz gut" nicht so wirklich äußern möchte, erwidert Onkel Gerhard, Ben untertreibe. Damit will er ausdrücken, dass das mit Anna in seinen Augen nicht nur ganz gut, sondern absolut hervorragend und perfekt läuft.

Kapitel XIII:

1. Die Klasse schien mehr auf ihn zu warten als auf den Lehrer. Er musste nicht lange nachforschen, warum. An der Tafel stand in großen Buchstaben BEN LIEBT ANNA. Er hatte gewusst, dass sie ihm noch was antun würden. Das gehörte zu seiner Krankheit. Sonst würde nicht alles in ihm so wehtun. Er stand wie angewurzelt zwischen Tischen und Tafel. Es war sonderbar, dass die andern nicht lachten, sondern den Atem anhielten, von ihm etwas erwarteten. Ben hatte nicht bemerkt, dass Herr Seibmann die Tür leise hinter sich zugezogen hatte, neben ihm stand und, wie er, auf die Tafel starrte. Er spürte die große Hand auf seiner Schulter. Sie streichelte ihn unmerklich.

2. a) Ben sah, wie Anna und Jens miteinander tuschelten. Er reagierte eifersüchtig und legte sich mit Jens und Anna an, wofür diese wenig Verständnis zeigten. Ben fühlte sich links liegen gelassen und zog sich zurück.
b) An der Tafel stand „BEN LIEBT ANNA".
c) Ben fühlte sich sehr schlecht, ihm war so, als ob seine Brust auseinander springen wollte. Ihm war zum Heulen zumute.
d) Herr Seibmann schlug Ben vor, er könne auch nach Hause gehen. Ben reagierte sofort und rannte aus dem Klassenzimmer.

3. Herr Seibmann legte seine Hand auf Bens Schulter, um ihn zu schützen. Er drehte Ben und sich ganz langsam zur Klasse, um die Klasse zum Verstummen zu bringen, was ihm auch gelang. Dann schrieb er unter BEN LIEBT ANNA noch den Satz ANNA LIEBT BEN und sagte noch: „Zur Liebe gehören nämlich zwei."

Kapitel XIV:

1. a) Er hatte Annas Vater gesprochen und versucht, ihm bei der Suche nach einer Arbeit zu helfen. Doch der war schon selbst aktiv und auch fündig geworden. Allerdings musste die Familie jetzt ins Ruhrgebiet ziehen.
b) Ben reagierte bestürzt und drehte sich zur Wand. Sein Vater blieb stumm auf dem Bett sitzen.
c) Anna wartete am Garagentor auf Ben.
d) Sie sagte zu ihm: Ich bin traurig. Wegen dir. Weil wir uns dann nicht mehr sehen.
e) Die Klasse hatte gesammelt und Anna einen neuen Schulranzen geschenkt. Anna wurde feierlich verabschiedet.

2. Ben begleitete Anna nach Hause. Annas Familie verabschiedet sich von Ben. Dann ging Ben zurück und wurde noch ein Stück von Anna begleitet. Plötzlich blieb sie stehen, schubste Ben gegen die Brust, drehte sich unvermittelt um und rannte davon. Ben schaute ihr nach, dann drehte auch er sich um und rannte davon.

3. a) Grippe; b) Vater; c) Ruhrgebiet; d) Garagentor; e) traurig; f) Ranzen; g) Ordnung; h) Kuss; i) besuchen; j) heulen   <u>Lösungswort</u>: Abschied